LOS GRIEGOS

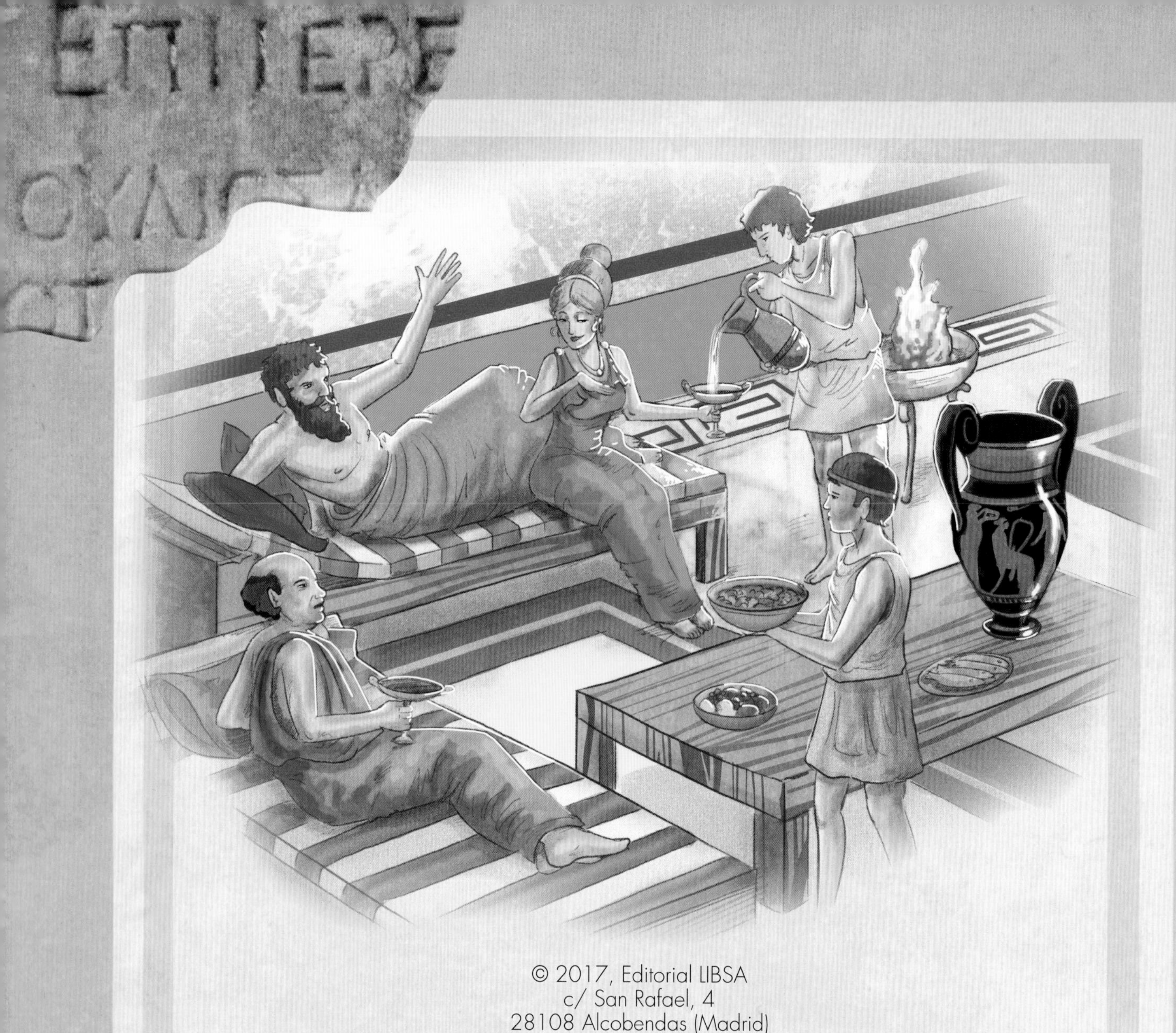

c/ San Rafael, 4
28108 Alcobendas (Madrid)
Tel.: (34) 91 657 25 80
Fax: (34) 91 657 25 83
e-mail: libsa@libsa.es
www.libsa.es

Diseño y maquetación: Editorial LIBSA y Fénix Factory
Ilustración: Fénix Factory y Daniel Morales
Fotografía: Shutterstock

ISBN: 978-84-662-3164-0

DL: M 40657-2016

CONTENIDO

INTRODUCCIÓN

Los griegos de la Antigüedad fueron uno de los pueblos más imaginativos de la historia. Inventaron el **arte de la política,** creando los **primeros estados** en los que los **ciudadanos se gobernaban** realmente a sí mismos. Entre ellos se cuentan algunos de los primeros **historiadores** y **científicos** del mundo; fueron finos **artesanos** y **poetas;** también inventaron el **teatro.** En resumen, los griegos pueden ser considerados como los **fundadores de gran parte de la vida europea moderna.**

La civilización griega alcanzó su máximo esplendor hace 2.500 años. En esta época **Atenas era la ciudad más importante** de Grecia y allí se construyeron edificios famosos como el **Partenón.**

Cabecera
El tema principal de cada capítulo está claramente identificado gracias a una cabecera destacada en el ángulo superior izquierdo de la página.

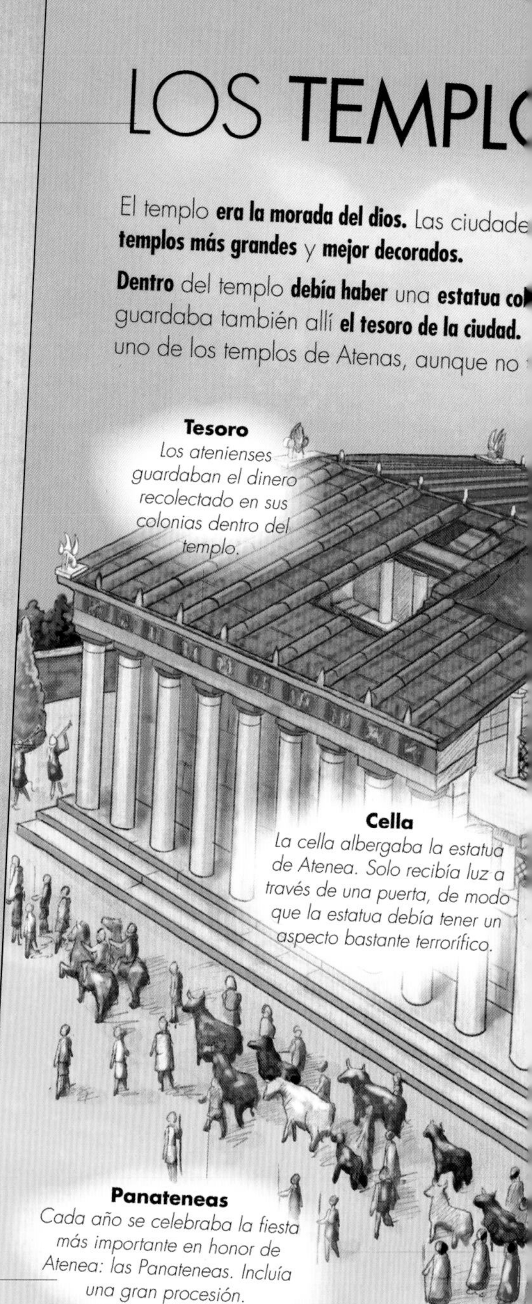

Descubrir más cosas

En **Grecia, Turquía** e **Italia** se conservan vestigios de los griegos, especialmente de sus **templos.** En los museos de todo el mundo se admiran su **cerámica** y **esculturas.**

Puede aprenderse mucho acerca de los griegos observando las **pinturas de la cerámica** y leyendo sus célebres **historias guerreras,** como el asedio de Troya.

Cómo usar este libro
Este libro explora y explica el mundo de los antiguos griegos. Cada página doble está dedicada a un aspecto concreto de la vida en Grecia, proporcionando una visión fascinante de esta importante civilización.

Ilustraciones
Los dibujos, de gran calidad y a todo color, transportan al lector al mundo de la Grecia antigua. Cada capítulo está enriquecido con una abundante información visual.

Introducción

Conciso, aunque con gran cantidad de información, este texto introduce al lector en los temas tratados en cada capítulo. Esta amplia cobertura se complementa en los numerosos pies de ilustraciones con un estudio más detallado de aspectos concretos.

Información detallada

Desde la construcción de sus extraordinarios templos hasta la vida cotidiana de las familias griegas, el lector recibe abundante información que le ayudará a comprender la vida y la cultura de los griegos de la Antigüedad.

Recuadros

Todos aquellos aspectos que necesitan un comentario especial aparecen recuadrados junto con una explicación de su significado.

Datos de interés

Una serie de ilustraciones en la parte derecha de cada página llama la atención del lector sobre aquellos objetos de la antigua Grecia más interesantes y que complementan la información central.

---

con otras para **construir** los

sa, y frecuentemente se reconstrucción del **Partenón,** estaban en las ciudades.

Estatua de Atenea

statua colosal de Atenea del Partenón e esculpida por Fidias. Era de madera recubierta de oro, excepto la piel de la diosa, que era de marfil.

La arquitectura

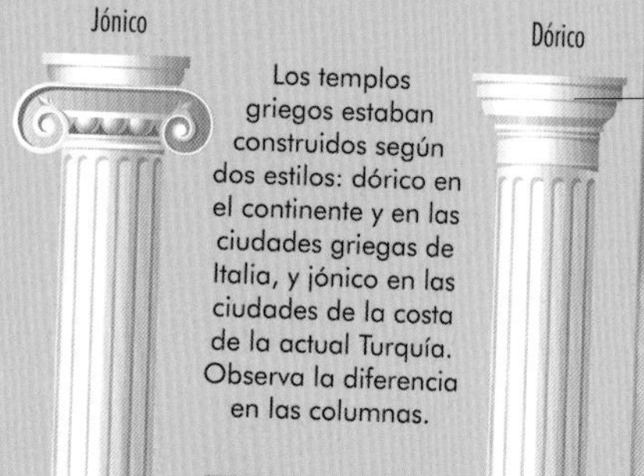

Jónico

Dórico

Los templos griegos estaban construidos según dos estilos: dórico en el continente y en las ciudades griegas de Italia, y jónico en las ciudades de la costa de la actual Turquía. Observa la diferencia en las columnas.

Frontón

El frontón, que era la parte superior del templo, de forma triangular, cerca del tejado, se adornaba con esculturas que representaban leyendas.

Columnas

Los templos griegos estaban siempre rodeados de columnas. Las del Partenón eran del mármol más fino, extraído de las cercanas canteras del Pentélico.

23

DATOS DE INTERÉS

Escultura de un templo

Esta estatua procede de uno de los frontones del templo de Zeus en Olimpia. Representa a un hombre santo que tenía la capacidad de ver a Zeus, aunque este era normalmente invisible.

Friso

Los griegos tallaban escenas, llamadas frisos, en los muros. Este friso procede de la pared interior del Partenón, y representa la gran procesión del festival de las Panateneas.

Pórtico de las Cariátides

Este pórtico, con sus columnas en forma de muchachas, era parte de un antiguo templo a Atenea, el Erecteion.

Capitel jónico

La parte superior de la columna se llama capitel. Los capiteles jónicos, con sus volutas (remates en espiral), son más fáciles de reconocer. Los jonios construyeron algunos de los templos más imponentes.

LOS MICÉNICOS Y HOMERO

Los **primeros griegos** dominaron el **sur de Grecia** entre **1600-1200 a.C.** Su ciudad principal fue **Micenas**. Los micénicos eran **guerreros** que abandonaron sus ciudades fortificadas y **recorrieron** el **Mediterráneo buscando** metales como **cobre, estaño y oro.** Su **civilización desapareció hacia 1200 a.C.** El poeta **Homero** narró sus aventuras en sus famosos **poemas** la ***Ilíada*** y la ***Odisea.***

Palacio

En cada ciudadela había un palacio pintado de colores brillantes. La mayor habitación era el vestíbulo central, donde el jefe recibía a los visitantes y celebraba banquetes con sus guerreros.

Ciudadela

Los jefes micénicos vivían en ciudades fortificadas en lo alto de las colinas. Cada jefe controlaba la región de alrededor y comerciaba con sus productos, cerámica y armas. Los jefes podían unirse para llevar a cabo incursiones al otro lado del mar.

El Palacio de Pilos

Homero escribió acerca del gran palacio del rey micénico Néstor de Pilos. He aquí una reconstrucción del salón del trono del palacio. Fue incendiado por invasores hacia 1200 a.C., pero los arqueólogos han descubierto sus restos.

Puerta de los Leones

Los micénicos eran grandes escultores. Han pasado más de 3.000 años y todavía se conserva la Puerta de los Leones de Micenas.

DATOS DE INTERÉS

Vasija
Los micénicos eran buenos ceramistas. Esta copa apareció en una tumba. Data del siglo XIII a.C.

Casco
Esta cabeza de guerrero de marfil muestra cómo era su casco, hecho de colmillos de oso. Casi toda la armadura micénica era de bronce.

Botas de libaciones
Esta es una bota de cerámica con la que se vertían ofrendas, llamadas libaciones, a los dioses.

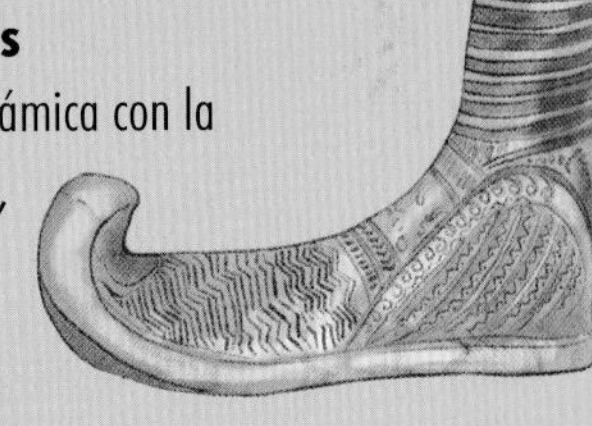

Máscara de Agamenón
Esta máscara funeraria de oro de un guerrero constituyó uno de los hallazgos más espectaculares de las tumbas de Micenas. Data del 1550 a.C., aproximadamente.

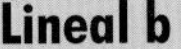

Lineal b
Los micénicos hablaban griego. Sus escritura, conocida como lineal b, no era alfabética, sino silábica.

Escudo
Cuando los guerreros volvían a casa colgaban sus escudos en las paredes del vestíbulo del jefe.

LAS **COLONIAS** GRIEGAS

Cuando la civilización micénica desapareció, **los griegos se dispersaron por el Egeo.** Hacia el **siglo IX a.C.** se habían establecido en la Grecia continental y en lo que es actualmente el sur de Turquía y Chipre. Los mercaderes griegos empezaron entonces a **comerciar con las ricas culturas de Oriente.**

Hacia el **750 a.C.,** se habían trasladado también a la **costa sur de Italia** en busca de hierro, y posteriormente se establecieron allí. En el **siglo VI a.C.** había **asentamientos** griegos a lo largo del **Mediterráneo** y del **mar Negro,** donde **se mezclaron con diversos pueblos** indígenas: celtas, etruscos en Italia y los salvajes escitas de la costa del mar Negro. **Cada colonia tenía su propio sistema de gobierno.** En Egipto, los comerciantes griegos consiguieron tener su propia factoría, Naucratis. Traían plata y aceite y lo cambiaban por cereales.

- **Territorio griego 1100-750 a.C.**
- **Primeras colonias 750-700 a.C.**
- **Nuevos asentamientos griegos 700-580**
- **Los fenicios, rivales de los griegos**

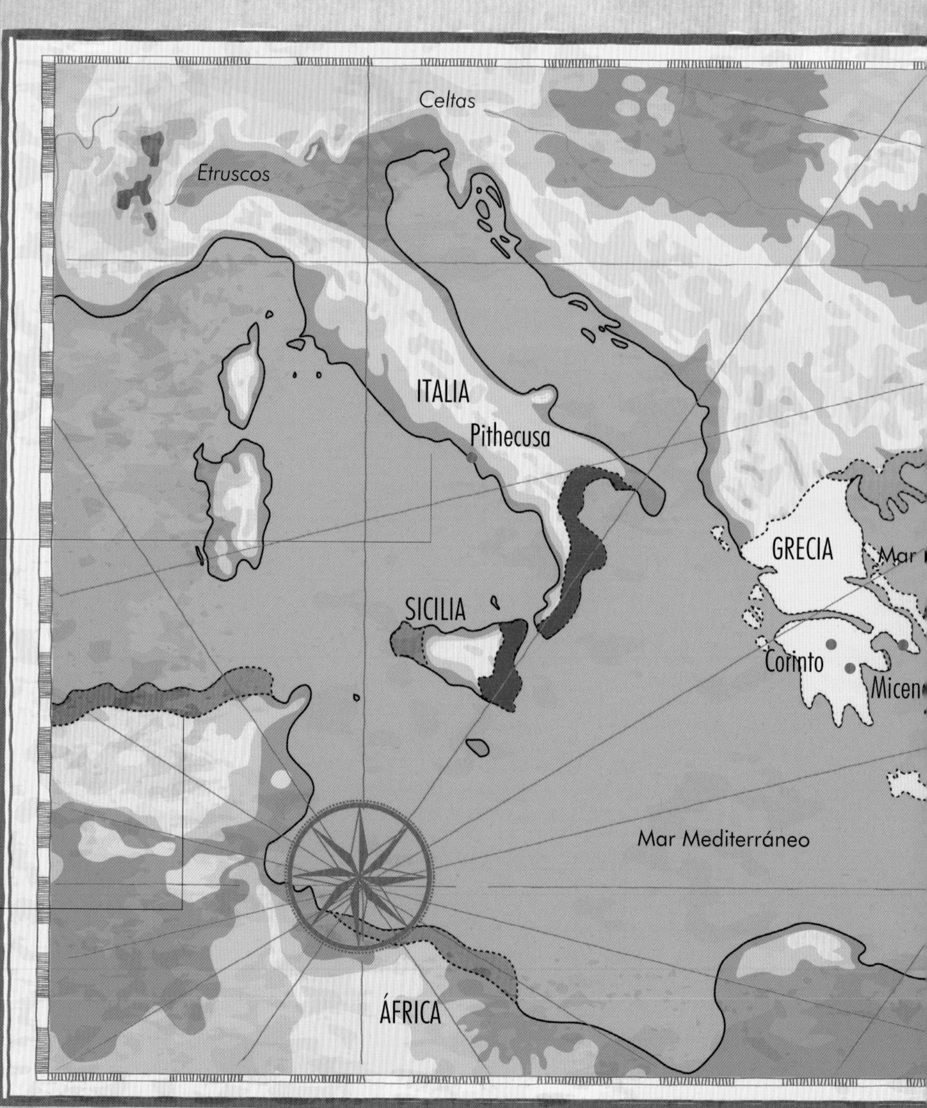

Italia
Los griegos se establecieron en Italia y Sicilia después del 750 a.C. Algunos de estos asentamientos llegaron a ser las ciudades más ricas del mundo griego.

Fenicios
También este pueblo marinero fundó colonias en el Mediterráneo. Era rival de los griegos.

El desembarco

Cada expedición tenía un jefe, cuyo trabajo consistía en elegir el mejor sitio para un nuevo asentamiento. Con frecuencia los colonos tenían que luchar por ganar la orilla y conquistar la tierra.

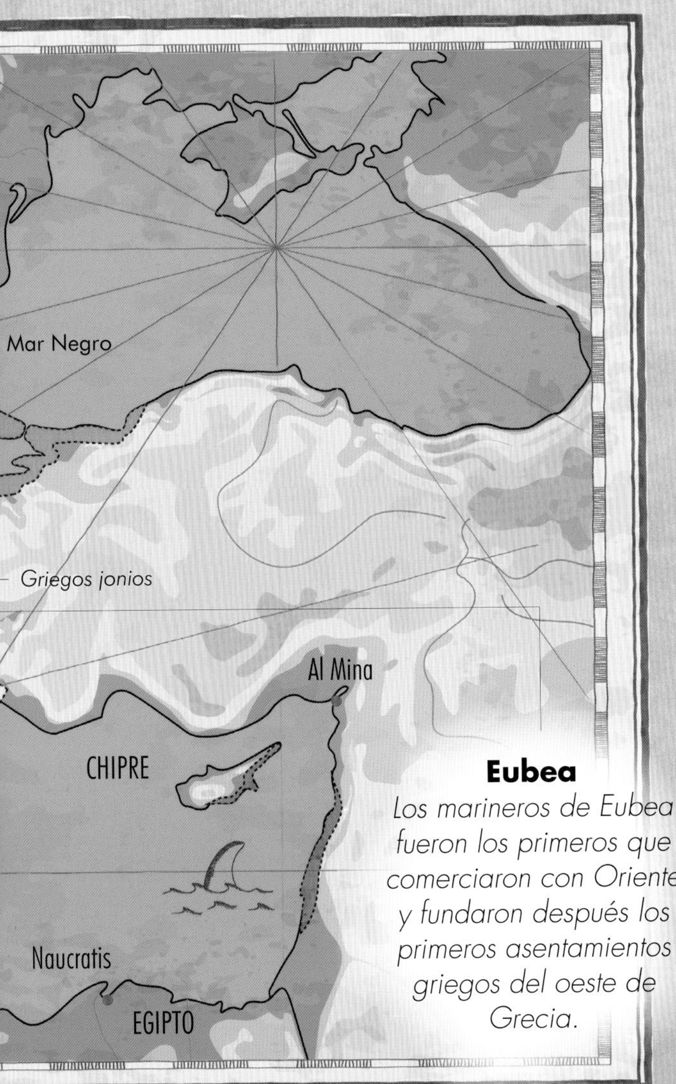

Eubea

Los marineros de Eubea fueron los primeros que comerciaron con Oriente y fundaron después los primeros asentamientos griegos del oeste de Grecia.

DATOS DE INTERÉS

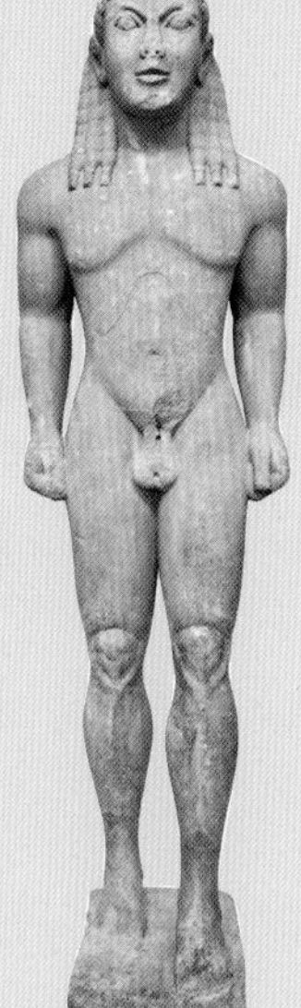

Kuroi

Los kuroi eran estatuas masculinas de tamaño real que solían colocarse encima de las tumbas. Su estilo estaba influenciado por Oriente y Egipto.

Vasija

Corinto era la ciudad griega más poderosa en el siglo VII a.C. Estaba convenientemente situada entre el este y el oeste, y era un importantísimo centro de construcción naval. Su cerámica, por lo general pintada con animales y plantas orientales, se encuentra por todo el Mediterráneo.

Caldero

Los calderos de bronce eran objetos que se dedicaban a los dioses. En Olimpia, la sede de los Juegos Olímpicos, han aparecido más de 500. Los artesanos los decoraban con animales exóticos copiados de Oriente. Los de este caldero son grifos.

Naufragio

El Mediterráneo puede ser un mar tormentoso, y los naufragios en sus rocosas costas eran frecuentes. Los arqueólogos han encontrado algunos restos de naufragios.

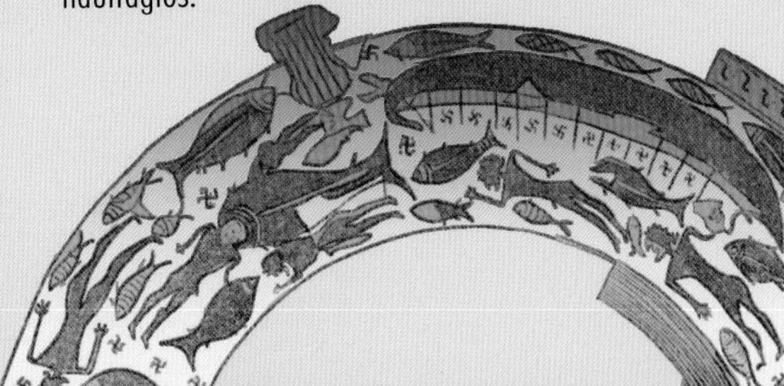

LA TIERRA **GRIEGA**

Grecia no es un país bueno para la **agricultura.** Hay demasiadas montañas y en los calurosos veranos llueve poco. Los cultivos tienen que limitarse a las llanuras o a las colinas en las que se hacen terrazas. La **cebada** era el cereal más cultivado, ya que necesitaba menos agua que el trigo. Los **olivos y viñedos** se daban bien, y el **aceite de oliva** y el **vino** eran productos que se vendían a otros países a cambio de cereales. En las secas montañas se criaban **ovejas y cabras.**

Las **parcelas** de cultivo eran **pequeñas.** Cuando moría un campesino, **su terreno se dividía entre sus hijos,** con lo cual los **campos** iban resultando **cada vez más pequeños** y muchos griegos no podían vivir de la tierra, viéndose obligados a buscar un nuevo hogar al otro lado del mar.

Grecia poseía muy **pocos metales,** aunque tenía hierro, el cual era utilizado para hacer útiles de labranza y armas.

Recogida de la aceituna
El aceite de oliva era uno de los principales productos de exportación de Grecia. Los olivos se dan bien en la tierra árida y solían plantarse entre la cebada.

Grupo de arado

Los arados de madera trazaban una línea en la tierra. Después el labrador debía hacer la zanja a mano. Los bueyes eran posesiones valiosas ya que ahorraban mucho trabajo duro.

Viñedos

Las viñas se plantaban en terrazas excavadas en las laderas de las colinas.

El arado

El suelo se araba con frecuencia para que la lluvia penetrara mejor. La siembra era en diciembre, y la cosecha en mayo.

DATOS DE INTERÉS

Vides

Este hermoso plato pintado muestra al dios del vino, Dionisos, en el mar. El mástil de su barco está cargado de racimos de uva. A su alrededor los delfines saltan en el agua.

Animales

Estas figuras pintadas de un cerdo y una liebre reflejan el amor de los griegos por los animales.

Pescado

El pescado era uno de los platos preferidos de los griegos, tanto fresco como en salazón.

Deméter

Deméter era la diosa de los cereales, como el trigo y la cebada, a la que se rezaba cuando se plantaban las semillas. Cuando se recogía la cosecha se celebraba un gran festival en su honor.

LA CIUDAD-ESTADO: **ATENAS**

A partir del siglo VIII a.C. los griegos empezaron a construir ciudades. Solían hacerlo **en torno a una gran roca** para que su defensa resultara más fácil. Estaban orgullosos de sus ciudades, con numerosos edificios hermosos.

Atenas estaba **rodeada por la llanura del Ática,** que proporcionaba comida, minas de plata y riqueza suficientes para comerciar y construir barcos de guerra. En el 490 a.C., cuando los persas invadieron Grecia, Atenas **era la ciudad más rica y poderosa del Mediterráneo,** capaz de dirigir la guerra contra los persas.

Viviendas

Las casas atenienses no eran lujosas. Las paredes estaban hechas de adobe o de madera, con techo de tejas de barro. Por lo general las mujeres atenienses no salían de casa.

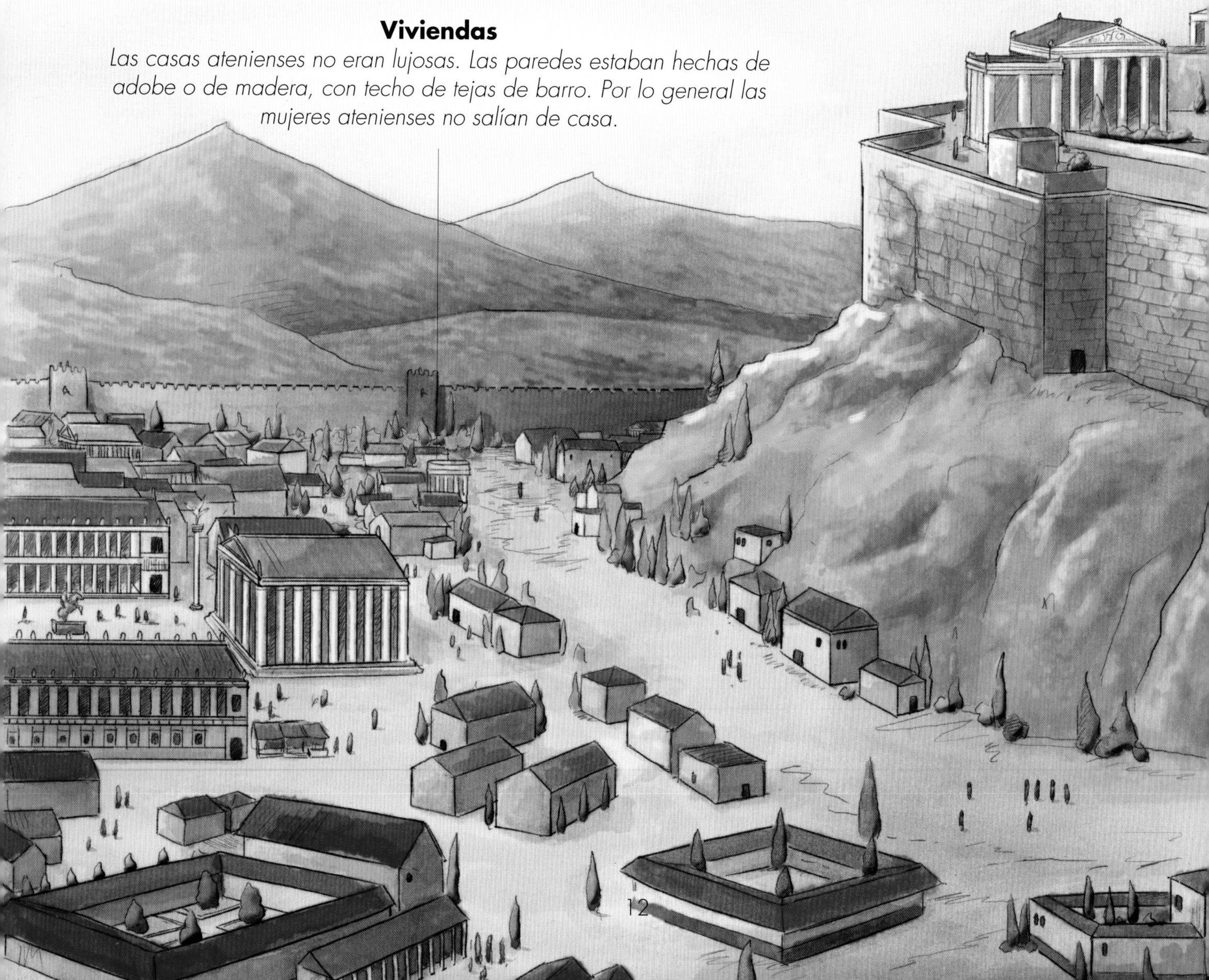

El Ágora

El Ágora era la plaza del mercado. Estaba rodeada por muchos edificios importantes, entre ellos las stoas (construcciones alargadas con pórticos de columnas), donde los hombres discutían sus asuntos e ideas.

El Partenón

El Partenón era el mayor edificio de la Acrópolis, una colina rocosa que dominaba la ciudad. Fue construido en honor a Atenea, diosa de Atenas.

La entrada

La Acrópolis era el centro religioso y ceremonial de Atenas, y su entrada era de mármol.

DATOS DE INTERÉS

Monedas

Ya hacia el 500 a.C., la mayor parte de las ciudades griegas usaban monedas. Esta pieza de plata, equivalente a cuatro dracmas, tiene en una cara a Atenea y en la otra una lechuza, símbolo de Atenas.

Cerámica

En el 500 a.C. la cerámica ateniense era la mejor de todo el mundo griego. Generalmente era de figuras rojas sobre fondo negro.

Pericles

Pericles fue el jefe político de Atenas entre 460 y 430 a.C. Contribuyó a fundar el Imperio ateniense. El periodo en el que gobernó Atenas es conocido como el «siglo de Pericles».

Atenea

La diosa Atenea era la protectora de Atenas. Según la leyenda, había introducido el olivo, el producto más importante de Atenas, en el Ática.

LA DEMOCRACIA

Uno de los logros principales de Atenas fue hacer que sus ciudadanos participaran en los acontecimientos políticos. Este sistema de gobierno se denomina **democracia,** que significa **«el gobierno del pueblo».** En realidad, en Atenas solo eran considerados ciudadanos con derecho a voto los hombres mayores de 20 años. Las **mujeres,** los **niños,** los **extranjeros** y los numerosos **esclavos** que vivían en la ciudad **no podían votar.**

Cada año los ciudadanos ocupaban cerca de **700 puestos,** desde generales y tesoreros hasta guardianes de la cárcel y limpiadores de las calles. Todos ellos, excepto los generales, eran **elegidos por un año mediante sorteo** entre los mayores de 30 años.

Los ciudadanos podían ser jurados en los juicios, y decidían si el acusado era culpable o inocente.

La opinión de un ciudadano
Las reuniones de la Asamblea comenzaban por la mañana temprano y continuaban hasta el anochecer. Solían ser bulliciosas. A veces las decisiones tomadas en el calor del debate eran revisadas al día siguiente, cuando los ánimos estaban más calmados. Se votaba a mano alzada.

La Asamblea
La Asamblea se reunía en el Pnyx, una de las colinas de Atenas, unas 40 veces al año. Podían asistir al menos 8.000 hombres.

El gobierno diario de la ciudad

En los intervalos entre las reuniones de la Asamblea, había 50 ciudadanos de guardia día y noche durante un mes. Vivían en un edificio circular, el tholos, situado en un ángulo del Ágora.

Debates

Cada mes la Asamblea discutía la defensa de la ciudad y el estado de sus reservas de grano.

DATOS DE INTERÉS

El «billete» del jurado

Cuando un jurado era elegido por un año, recibía un billete con su nombre. Lo llevaba al entrar en el tribunal y lo devolvía al término del juicio, tras recibir su paga.

Reloj de agua

En los juicios, los discursos tenían un límite de duración marcado por el tiempo que tardaba el agua en pasar de un cuenco a otro.

«Papeletas»

Al final del juicio los jurados votaban. Si se arrojaba una pesada papeleta unánime dejada caer en la urna significaba que el acusado era inocente.

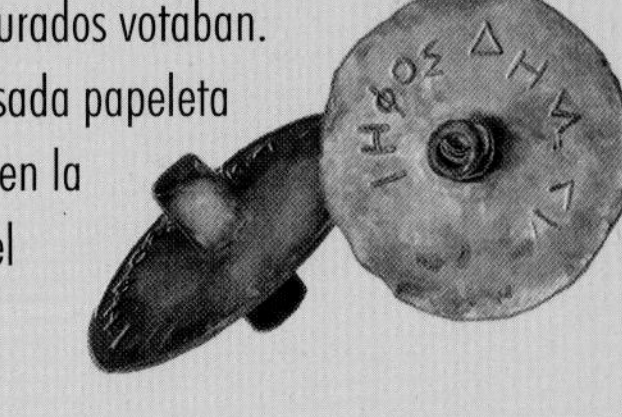

Contra la tiranía

Esta estela de piedra representa la ley, que perdonaba a quien hubiera matado a un tirano.

Ostraca

Los atenienses podían enviar al exilio a sus conciudadanos escribiendo sus nombres en trozos de cerámica llamados ostraca.

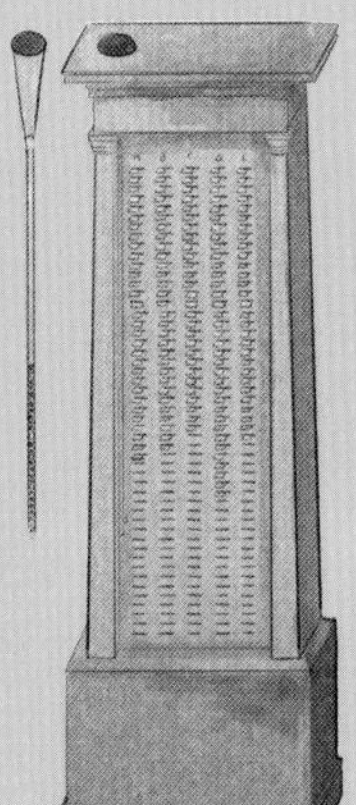

Selección del jurado

Si un caso presentaba demasiados jurados, los que debían figurar eran seleccionados por esta ingeniosa máquina.

LA CIUDAD **EN GUERRA**

Debido a que muchas ciudades griegas disponían de pocas tierras y alimentos, **con frecuencia luchaban unas contra otras.** Las batallas tenían lugar **en determinados momentos del año,** cuando los hombres no trabajaban los campos. Se consideraba muy **desleal atacar en otras épocas.** Los soldados tenían escudos y lanzas. Ambas partes se enzarzaban en lucha cuerpo a cuerpo hasta que una de ellas se retiraba y huía. Normalmente **no morían muchos hombres.**

En el **490 a.C.,** cuando **los persas invadieron Grecia,** el ejército ateniense se enfrentó a ellos en la llanura de **Maratón,** al norte de la ciudad. Para sorpresa de todos, obligaron a los persas a retirarse hacia el mar. Según la leyenda, **un soldado volvió corriendo** a Atenas para dar la buena noticia. Este hecho **inspiró la carrera de Maratón.**

Falange
Los soldados combatían organizados en falanges (filas de hombres), probablemente de ocho en fondo. Los soldados debían estar bien entrenados para mantener juntos una línea compacta en el calor de la batalla.

Maratón

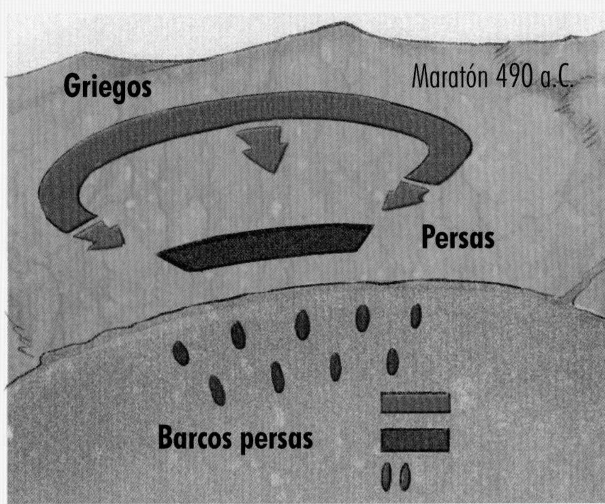

Este plano muestra la batalla de Maratón. Los atenienses y sus aliados hicieron retroceder a los persas hasta sus naves, matando a cerca de 6.000 hombres.

Armas

El arma principal era la lanza de madera con punta de hierro. Se usaba pinchando al enemigo hasta herirlo o hasta que huía.

DATOS DE INTERÉS

Túmulo funerario

Solo 192 griegos murieron en la importante victoria de Maratón. Fueron enterrados en un gran túmulo que puede verse aún hoy en el campo de batalla.

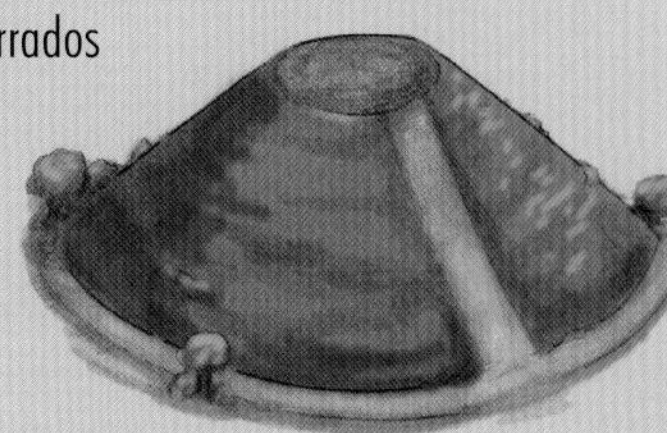

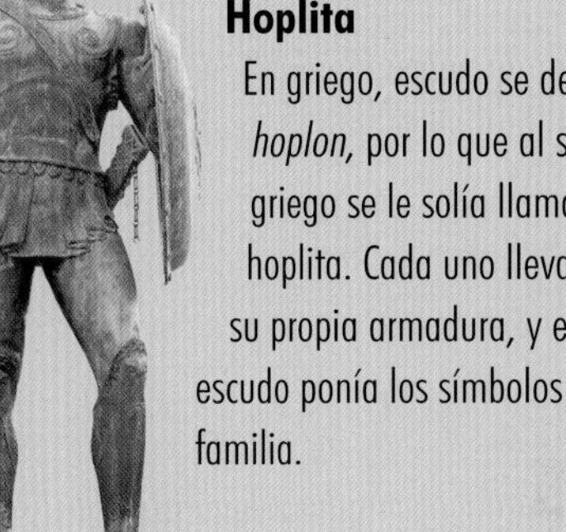

Hoplita

En griego, escudo se decía *hoplon*, por lo que al soldado griego se le solía llamar hoplita. Cada uno llevaba su propia armadura, y en el escudo ponía los símbolos de su familia.

Armas de Maratón

En el campo de Maratón se encontraron espadas, lanzas y puntas de flecha. Demuestran que, además de soldados de infantería, había también arqueros. Los soldados llevaban coraza, casco y grebas para proteger las piernas. Los escudos se guardaban cuidadosamente hasta que se necesitaban.

Caballería

La caballería existía, pero no solía emplearse contra hoplitas, ya que los jinetes no tenían estribos y podían ser desmontados con facilidad.

LA GUERRA EN EL MAR

Los griegos habían sido siempre **buenos marineros,** y algunas de las ciudades tenían sus propias armadas con **barcos de guerra llamados trirremes.** La trirreme tenía tres bancos de remos, y necesitaba cerca de 170 hombres para remar. **No llevaba artillería,** y como mucho había 30 hombres armados a bordo. Durante la batalla, **la trirreme avanzaba hasta incrustarse** en la parte más débil del barco enemigo: **el costado.** La tripulación debía tener cuidado de no exponer al ataque el costado de su propia nave.

Una de las grandes victorias navales atenienses tuvo lugar en Salamina, en 480 a.C. Los persas habían invadido Grecia con una gran armada. Los atenienses atrajeron a los barcos persas hacia el estrecho y los destruyeron.

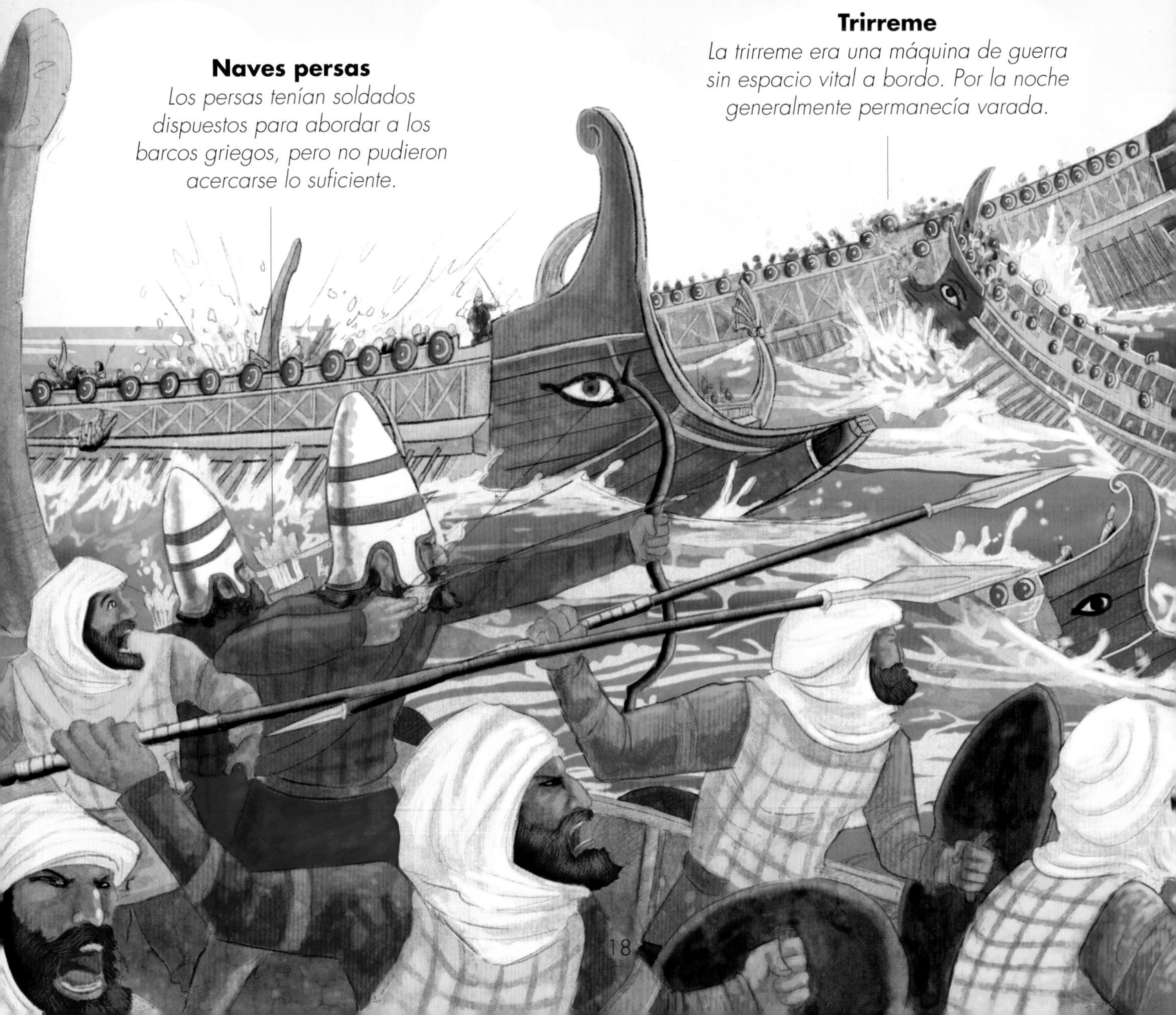

Naves persas
Los persas tenían soldados dispuestos para abordar a los barcos griegos, pero no pudieron acercarse lo suficiente.

Trirreme
La trirreme era una máquina de guerra sin espacio vital a bordo. Por la noche generalmente permanecía varada.

Salamina

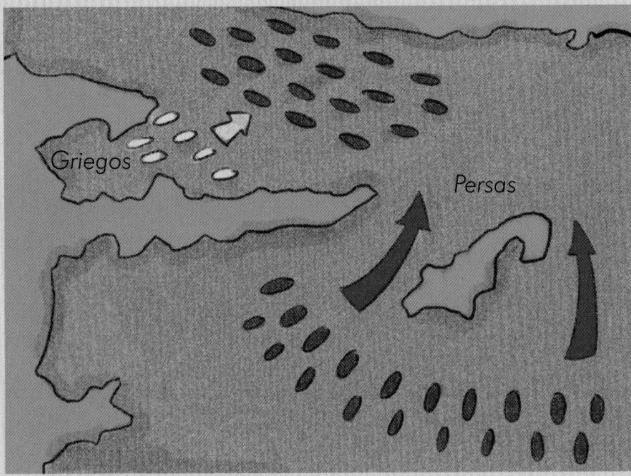

Este mapa muestra cómo debió desarrollarse la batalla de Salamina. Los persas, con sus aliados fenicios, navegaron entre la isla de Salamina y el continente, y los griegos atacaron desde el flanco. Los persas no tuvieron espacio suficiente para dar la vuelta o escapar.

DATOS DE INTERÉS

Trirreme

Aunque los autores antiguos no han dejado una descripción exacta, se ha reconstruido y botado una trirreme similar a las griegas, demostrando que era difícil poder oír las órdenes por encima del estruendo del mar. Se llegó a alcanzar una velocidad de 16 km/h.

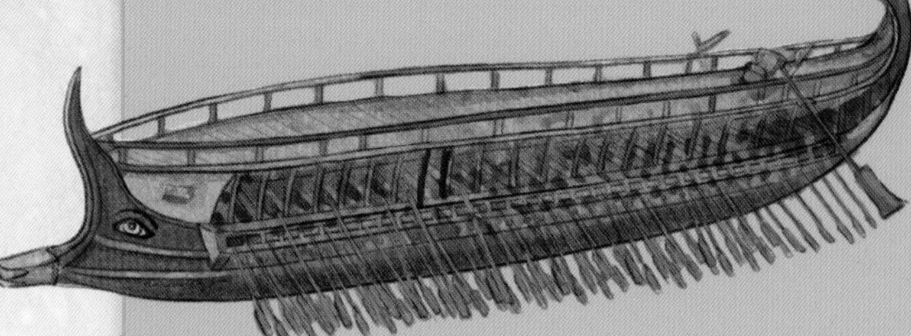

Moneda con barco

Conocemos cómo eran las naves griegas gracias a sus representaciones en la cerámica y en las monedas. Estas se acuñaban para celebrar victorias navales.

Posición de los remeros

En la trirreme los remeros se sentaban uno encima de otro. Debían evitar que los remos chocasen entre sí.

Remo

El barco era gobernado por dos remos situados a popa. Un barco muy pesado necesitaría además la ayuda de los remeros.

LA **RELIGIÓN** Y LOS **DIOSES**

Para los griegos, **los dioses eran figuras poderosas que podían ayudar o hacer daño a los seres humanos.** Para dirigirse a ellos se hacían **sacrificios**, que eran **ofrendas de animales o de vino** mediante las cuales la gente esperaba ganar su favor. **Los dioses también daban consejos a través de los oráculos,** como el famoso de **Delfos**, donde una **sacerdotisa** transmitía las **respuestas del dios Apolo** a las preguntas de los visitantes.

Los dioses más importantes eran aquellos que, según creían los griegos, **vivían en el monte Olimpo,** al norte de Grecia. Ente ellos estaba **Zeus**, el dios supremo, su esposa **Hera**, **Afrodita**, diosa del amor, y **Poseidón**, dios de los terremotos y del mar.

Procesión
Las procesiones eran acontecimientos bulliciosos, y llenos de música y color. Jóvenes y viejos, griegos y extranjeros, todos participaban en la procesión llevando sus propias ofrendas.

Animales
Los animales que solían sacrificarse eran bueyes, cabras, ovejas y cerdos. Se procedía a matarlos con un cuchillo sagrado.

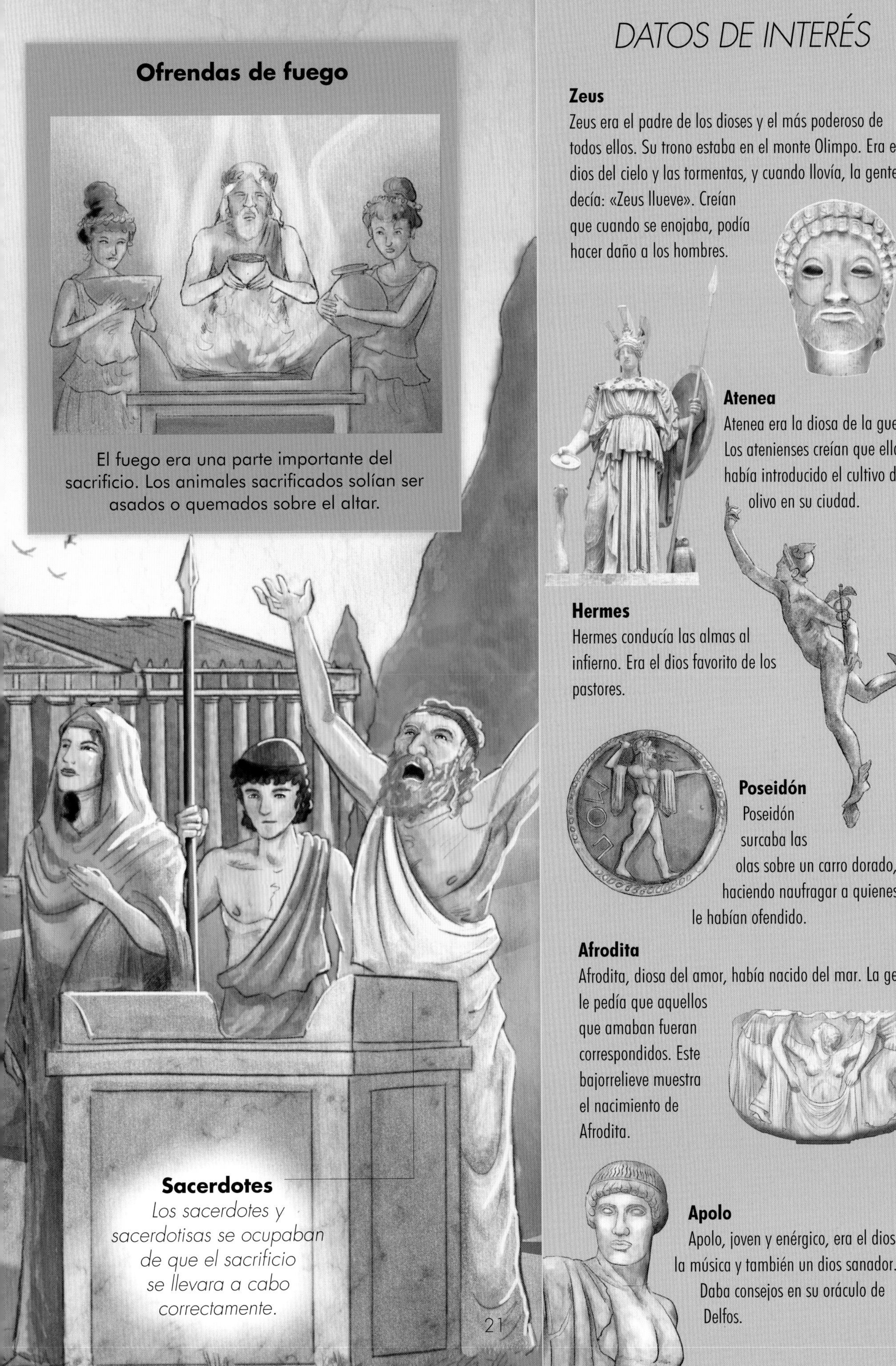

Ofrendas de fuego

El fuego era una parte importante del sacrificio. Los animales sacrificados solían ser asados o quemados sobre el altar.

Sacerdotes

Los sacerdotes y sacerdotisas se ocupaban de que el sacrificio se llevara a cabo correctamente.

DATOS DE INTERÉS

Zeus

Zeus era el padre de los dioses y el más poderoso de todos ellos. Su trono estaba en el monte Olimpo. Era el dios del cielo y las tormentas, y cuando llovía, la gente decía: «Zeus llueve». Creían que cuando se enojaba, podía hacer daño a los hombres.

Atenea

Atenea era la diosa de la guerra. Los atenienses creían que ella había introducido el cultivo del olivo en su ciudad.

Hermes

Hermes conducía las almas al infierno. Era el dios favorito de los pastores.

Poseidón

Poseidón surcaba las olas sobre un carro dorado, haciendo naufragar a quienes le habían ofendido.

Afrodita

Afrodita, diosa del amor, había nacido del mar. La gente le pedía que aquellos que amaban fueran correspondidos. Este bajorrelieve muestra el nacimiento de Afrodita.

Apolo

Apolo, joven y enérgico, era el dios de la música y también un dios sanador. Daba consejos en su oráculo de Delfos.

LOS **TEMPLOS**

El templo **era la morada del dios.** Las ciudades competían unas con otras para **construir** los **templos más grandes** y **mejor decorados.**

Dentro del templo **debía haber** una **estatua colosal del dios o la diosa,** y frecuentemente se guardaba también allí **el tesoro de la ciudad.** Este dibujo es una reconstrucción del **Partenón,** uno de los templos de Atenas, aunque no todos los templos estaban en las ciudades.

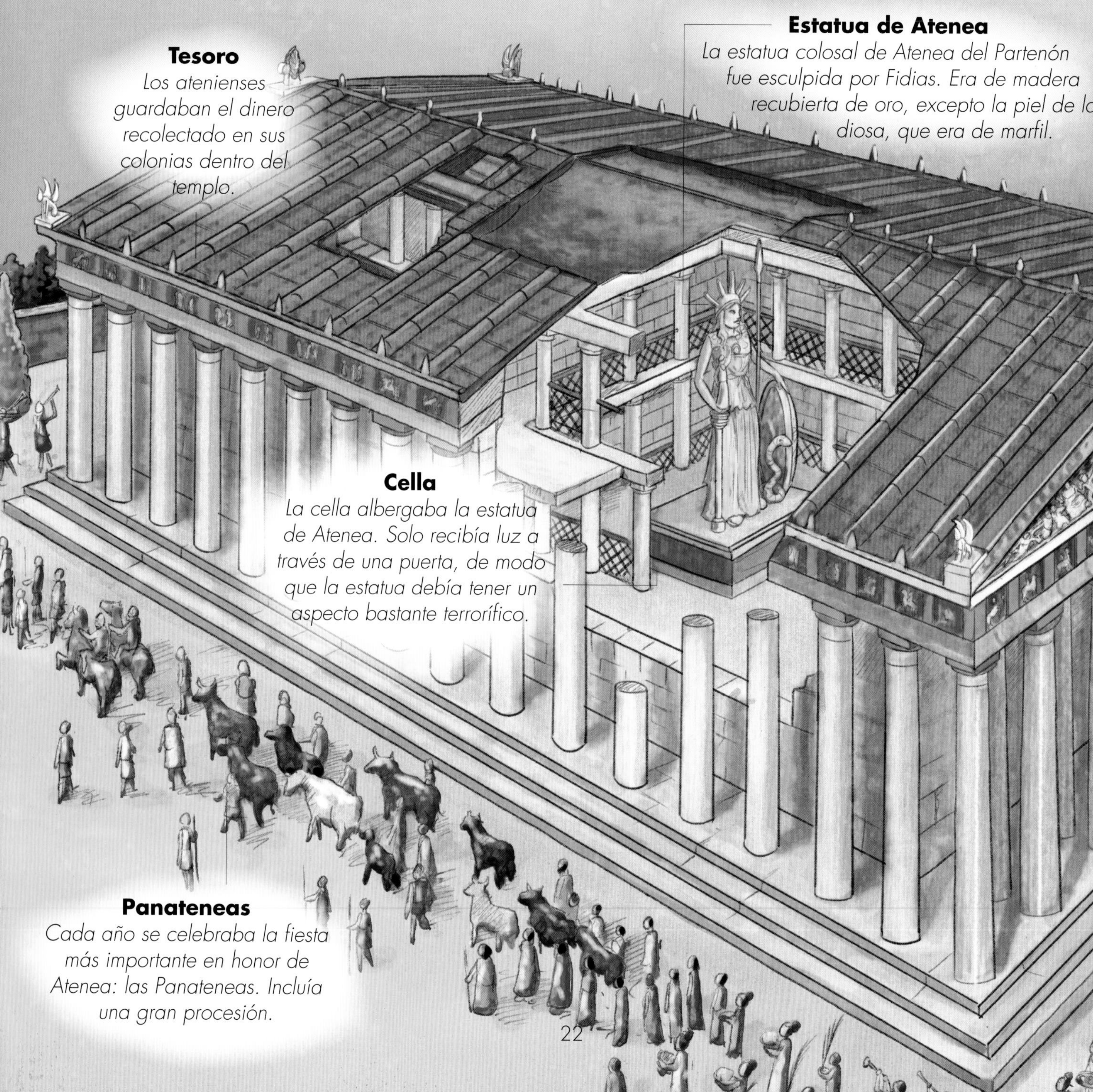

La arquitectura

Jónico

Dórico

Los templos griegos estaban construidos según dos estilos: dórico en el continente y en las ciudades griegas de Italia, y jónico en las ciudades de la costa de la actual Turquía. Observa la diferencia en las columnas.

Frontón

El frontón, que era la parte superior del templo, de forma triangular, cerca del tejado, se adornaba con esculturas que representaban leyendas.

Columnas

Los templos griegos estaban siempre rodeados de columnas. Las del Partenón eran del mármol más fino, extraído de las cercanas canteras del Pentélico.

DATOS DE INTERÉS

Escultura de un templo
Esta estatua procede de uno de los frontones del templo de Zeus en Olimpia. Representa a un hombre santo que tenía la capacidad de ver a Zeus, aunque este era normalmente invisible.

Friso
Los griegos tallaban escenas, llamadas frisos, en los muros. Este friso procede de la pared interior del Partenón, y representa la gran procesión del festival de las Panateneas.

Pórtico de las Cariátides
Este pórtico, con sus columnas en forma de muchachas, era parte de un antiguo templo a Atenea, el Erecteion.

Capitel jónico
La parte superior de la columna se llama capitel. Los capiteles jónicos, con sus volutas (remates en espiral), son más fáciles de reconocer. Los jonios construyeron algunos de los templos más imponentes.

LOS **JUEGOS** OLÍMPICOS

A partir del **776 a.C.,** cada **cuatro años** las ciudades griegas olvidaban sus conflictos y **enviaban a sus mejores atletas a competir** en los juegos que se celebraban en **Olimpia en honor de Zeus.** Acudían miles de espectadores. **Había toda clase de carreras, a pie y a caballo, y diversas competiciones.** Aunque los **premios** consistían en simples **coronas de ramas de olivo, no había mayor honor que vencer en Olimpia,** y al volver a casa los atletas ganadores eran recibidos con orgullo por sus conciudadanos.

Jabalina

Las jabalinas se usaban en la guerra, de modo que se animaba a practicar este deporte. Alrededor de la jabalina se enrollaba una estrecha tira de cuero para ayudar a lanzarla.

El estadio

La pista de carreras de Olimpia medía 192 m de largo. Desde las suaves laderas que la rodeaban, cerca de 40.000 espectadores podían asistir a las carreras. Todos los atletas corrían desnudos.

La lucha

La lucha era muy popular. Ganaba quien conseguía derribar a su adversario tres veces o quien obligaba al otro a rendirse.

La carrera de carros

La carrera de carros era la prueba olímpica más peligrosa. Los carros tenían que dar varias vueltas a un circuito, y los choques eran frecuentes.

Carreras con armas

La carrera con armas fue introducida en el 520 a.C. Servía como recordatorio de la importancia del entrenamiento militar.

DATOS DE INTERÉS

Templo de Zeus
El gran templo de Zeus en Olimpia tardó diez años en construirse. En su interior había una estatua colosal de Zeus hecha por Fidias.

Auriga
Esta famosa estatua de bronce de un auriga apareció en Delfos. Originalmente guiaba una cuadriga (carro con cuatro caballos). Se realizó para celebrar una victoria de los griegos de Sicilia en los juegos de Delfos. La estatua estaba hecha a base de varias piezas de bronce unidas.

Disco
Los primeros discos eran piedras planas, pero en la época de los Juegos Olímpicos eran ya de bronce.

Salto con pesos
La única prueba de salto griega era el salto de longitud. Debió tratarse de un salto doble o triple. El saltador llevaba unos pesos que en el momento del salto balanceaba hacia adelante para ganar impulso.

Carreras de caballos
Esta prueba era casi tan peligrosa como la carrera de carros, ya que el jinete montaba a pelo.

LA CASA **FAMILIAR**

He aquí la **casa** de una familia griega de **buena posición.** Estaba **construida con ladrillos de arcilla,** tenía **ventanas pequeñas** y techumbre de tejas. Por lo general solo tenía una puerta. **Los muebles eran muy sencillos,** aunque algunos **suelos** eran **de mosaico.** Los **cereales,** el **aceite** y el **vino** procedentes de la granja familiar **se almacenaban** en la casa.

En **Atenas**, las **mujeres** pasaban la mayor parte de su vida **en casa**. **En la parte central había un patio descubierto** donde podían trabajar hilando y realizando las demás tareas domésticas. También cocinaban con ayuda de las esclavas. Los **hombres** solían estar casi siempre fuera. Al atardecer llevaban **amigos** a casa para cenar, pero sus mujeres e hijas no podían reunirse con ellos.

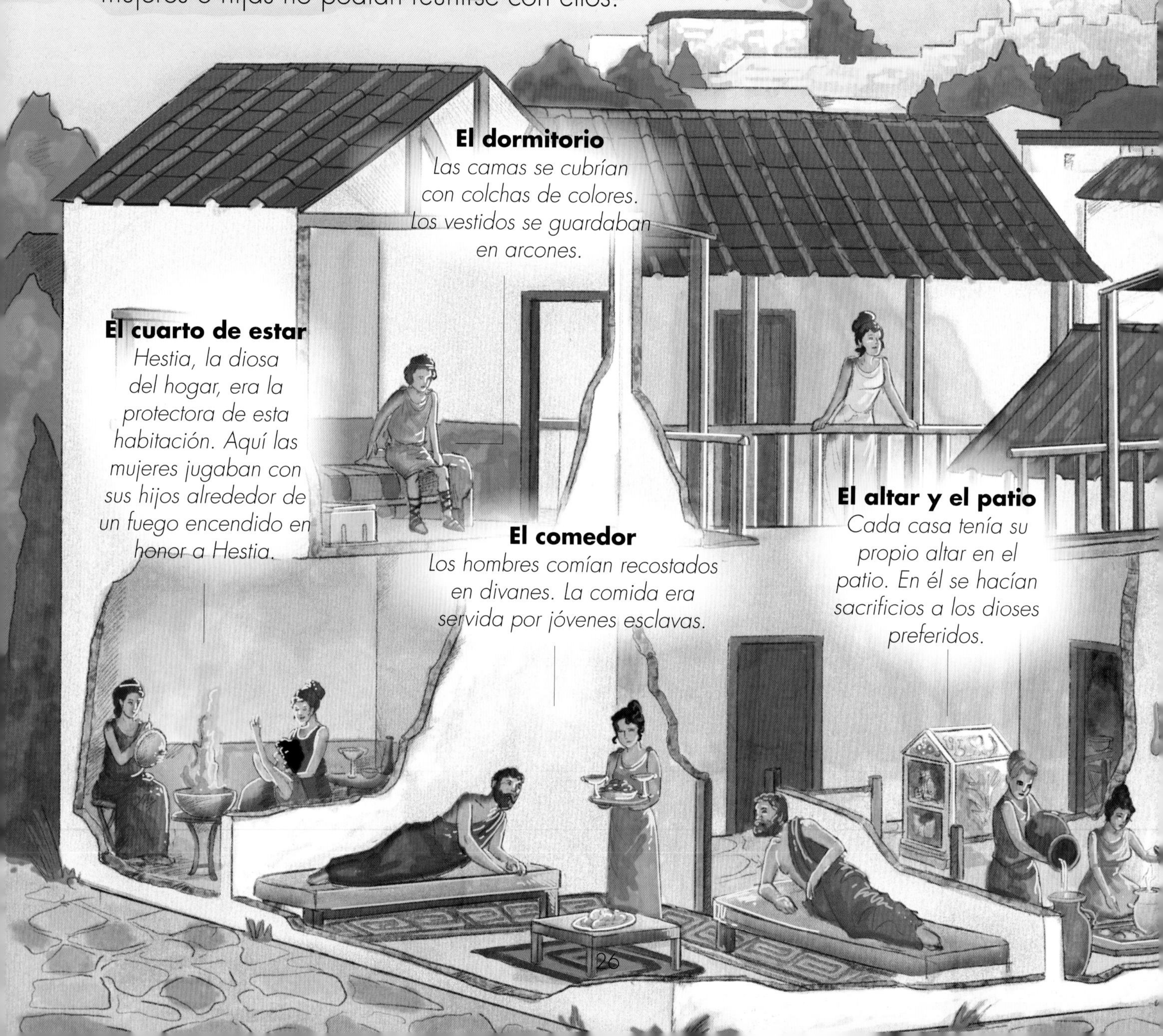

El dormitorio
Las camas se cubrían con colchas de colores. Los vestidos se guardaban en arcones.

El cuarto de estar
Hestia, la diosa del hogar, era la protectora de esta habitación. Aquí las mujeres jugaban con sus hijos alrededor de un fuego encendido en honor a Hestia.

El comedor
Los hombres comían recostados en divanes. La comida era servida por jóvenes esclavas.

El altar y el patio
Cada casa tenía su propio altar en el patio. En él se hacían sacrificios a los dioses preferidos.

Hestia

Hestia era la diosa del hogar y la familia. Cada recién llegado a la familia (un hijo, una esposa o un esclavo) era paseado alrededor del fuego encendido en su honor para recibir la protección de la diosa. Se la representa vestida con una larga túnica y con la cabeza cubierta por un velo. En la mano sostiene una lámpara o antorcha, o también un cuerno de la abundancia.

Los juegos de mesa

Los griegos tenían juegos de mesa con tablero y fichas que se movían al tirar los dados. Los niños jugaban también a «cara o cruz» con trozos de cerámica decorada.

La cocina

Se cocinaba en ollas de barro sobre una hoguera. Por lo general era un trabajo que hacían los esclavos.

DATOS DE INTERÉS

Vasija
El vino, el aceite y el agua se almacenaban en vasijas de cerámica sin decorar. Si la casa no tenía pozo, las mujeres iban a buscar agua a una fuente.

Taburetes
Los taburetes, como todos los muebles, eran de madera y de formas sencillas. En las casas más ricas los muebles estaban adornados con oro y plata.

Esclava
Los esclavos se compraban en el mercado. Hacían el trabajo más pesado de la casa.

Sonajero
Los niños tenían juguetes de cerámica. También disfrutaban de muñecas y peonzas. Este cerdito es un sonajero.

Biberón
Casi todos los niños griegos eran alimentados con leche materna, pero este biberón se encontró en una ciudad griega.

LAS **MUJERES** GRIEGAS

Las mujeres **se casaban más o menos a los 15 años** con jóvenes en la veintena. **Los matrimonios se concertaban** entre las familias, y cuando todo estaba acordado se llevaba a la novia en procesión hasta su nuevo hogar. Una vez había **nacido su primer hijo, se la consideraba plenamente integrada** en su nueva familia.

La esposa se ocupaba de todo en la nueva casa, incluyendo los hijos. En los hogares más ricos disponía de **esclavos** que la ayudaban. Pero las familias **más pobres** tenían como mucho **un solo esclavo,** de modo que todas las tareas domésticas recaían en la mujer.

Las parejas tenían permitido divorciarse, pero pocas mujeres podían permitirse el lujo de abandonar a sus maridos.

El padrino

El novio elegía a uno de sus mejores amigos para que le acompañara a él y a la novia en el carro procesional.

La madre del novio

La madre del novio esperaba en la puerta de la casa de su hijo para recibir a la nueva esposa.

Procesión

Después de la fiesta de esponsales, que se celebraba en la casa de la novia, el novio la llevaba a su hogar. La procesión tenía lugar por la noche, con música y canciones.

El baño ritual

Antes de la ceremonia, la novia se bañaba en agua procedente de una fuente sagrada. Este baño señalaba el inicio de su nueva vida.

La novia

La novia permanecía velada hasta que llegaba a su nueva casa, donde era recibida por sus habitantes. Sobre la pareja llovían nueces y frutos secos en señal de buena suerte.

DATOS DE INTERÉS

Reverso de espejo
Los espejos eran de bronce pulimentado. En el reverso de este aparece Afrodita, la diosa del amor, con Eros, el niño dios del amor.

Lutróforo
El lutróforo era un vaso ceremonial donde se llevaba el agua para el baño ritual de la novia. Esta debía ofrecer a los dioses un pequeño vaso en el momento de su enlace o después del matrimonio.

Pendientes
Este hermoso pendiente de oro procede de una de las ciudades más ricas del sur de Italia.

Lécito
El lécito era un vaso destinado a contener aceites perfumados para después del baño.

Mujeres haciendo pan
Esta escultura muestra a unas mujeres haciendo pan en una panadería. Los griegos odiaban trabajar para otros. Siempre que era posible utilizaban extranjeros o esclavos para realizar tareas de este tipo.

LA EDUCACIÓN

A la escuela asistían únicamente los chicos, que empezaban a la edad de siete años. **Aprendían sobre todo a leer y escribir, y también música.** Los griegos amaban la música. Era importante aprender a tocar bien, ya que la música formaba parte de todos los festivales y celebraciones. Generalmente **la escuela disponía también de una palestra** (espacio dedicado a la **educación física**) adjunta.

En Atenas, saber **leer** era **importante** porque las leyes estaban escritas en piedra. Los niños aprendían también a leer las obras de los grandes poetas, como Homero. **Para escribir se utilizaba una tablilla de cera,** que podía alisarse para volver a escribir encima. **Pocas niñas aprendían a leer.** La **mayoría** aprendía únicamente a **llevar la casa.**

Los alumnos
Estos alumnos están escribiendo en sus tablillas de cera. Repetían la misma palabra muchas veces para practicar.

Educación física

Los griegos apreciaban las aptitudes y habilidad en el deporte. Los niños practicaban los deportes de los Juegos Olímpicos en una palestra, un área para entrenamientos como esta. Los chicos bien entrenados eran también soldados preparados. Practicaban siempre desnudos.

Los maestros

Había maestros distintos para las diversas materias: música, lectura, deporte. Los maestros estaban mal pagados y por eso la enseñanza no era una profesión popular.

Lectura en voz alta

Este niño está leyendo en voz alta a su maestro. Había que memorizar largos fragmentos de poesía.

DATOS DE INTERÉS

Inscripción

Las leyes importantes eran grabadas en piedra para que todos pudiesen leerlas. Las palabras se escribían sin espacios ni signos de puntuación entre ellas.

Lira

Un hombre educado debía saber tocar la lira. La lira se fabricaba a partir de una concha de tortuga cuya parte hueca se cubría con piel de buey. Se utilizaba para acompañar canciones y poesía, especialmente durante las fiestas nocturnas.

Lectura de un rollo

Con el papiro de Egipto se hacía papel, que se enrollaba formando un volumen.

Flautas

Las flautas se hacían de madera o hueso. Era normal tocar dos al mismo tiempo. Los músicos competían en juegos y festivales. La cinta que rodea la cabeza de este músico indica que ha vencido en alguna de estas competiciones.

Cítara

Era un tipo de lira de mayor tamaño, que se usaba en los grandes festivales de música.

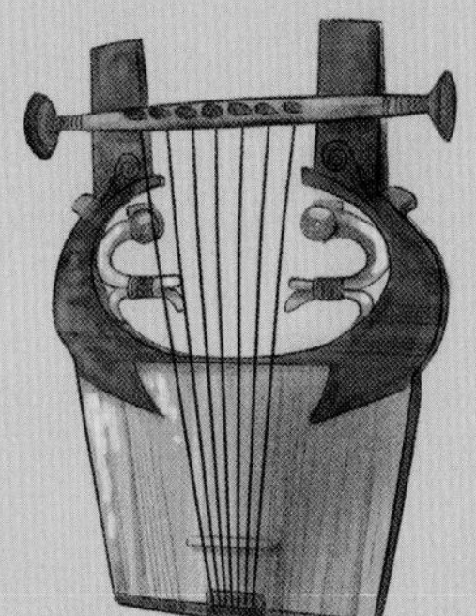

SYMPOSIUM

Al atardecer, los hombres ricos **se reunían para celebrar una fiesta** llamada **symposium.** Podía haber hasta **15 invitados**, que permanecían **recostados en divanes.** Solían adornarse con **coronas de flores.**

Comían pescados y carnes, verduras y pan de trigo, mucho mejor que la dieta habitual de pan de cebada y aceite de oliva. El **vino** se bebía siempre **mezclado con agua. En el symposium se utilizaba la mejor cerámica griega.**

Más tarde **había música y danzas.** Los invitados competían entre sí cantando o tocando la lira. También **recitaban poemas.** Había un juego, llamado **cótabo,** que consistía en **lanzar el vino** de la copa **tratando de acertar a un blanco.**

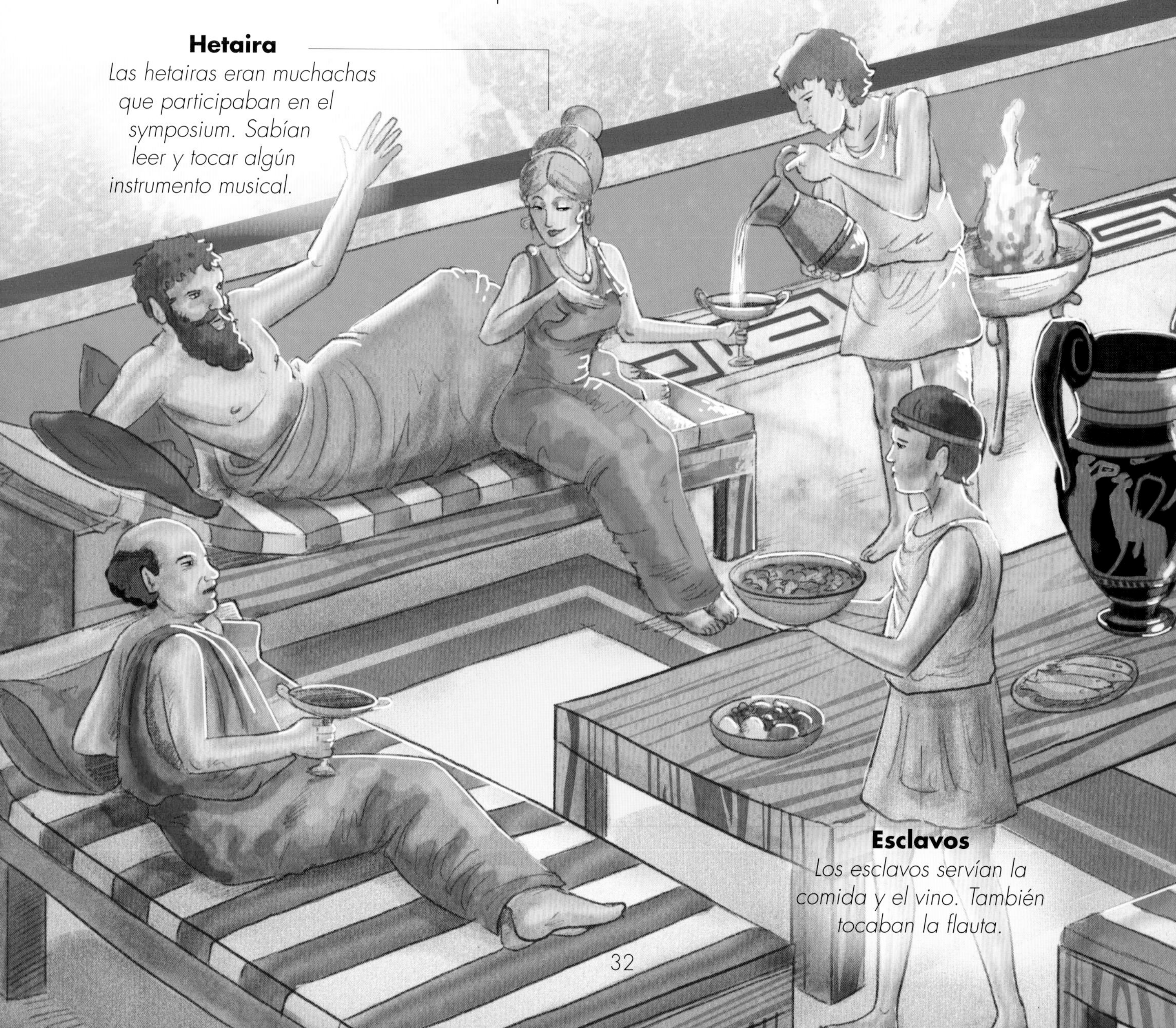

Hetaira
Las hetairas eran muchachas que participaban en el symposium. Sabían leer y tocar algún instrumento musical.

Esclavos
Los esclavos servían la comida y el vino. También tocaban la flauta.

Bailarina

Las bailarinas eran normalmente extranjeras o esclavas. A ninguna mujer ateniense se le hubiera permitido aparecer en público así.

Conversación

A los griegos les gustaba la buena conversación. El symposium era una buena ocasión para conocer gente nueva e interesante o reunirse con los viejos amigos.

DATOS DE INTERÉS

Crátera

La crátera era el gran vaso donde el anfitrión mezclaba el vino y el agua. Los griegos creían que el vino sin mezclar era perjudicial.

Enócoe

Después de mezclar el vino con agua se pasaba el líquido a una jarra llamada enócoe, de la cual se servían las copas.

Comida

La comida griega era sencilla. Por ejemplo, un plato de pescado y verduras, como puerros y cebollas, seguido de manzanas, queso y pasteles.

Lámpara de aceite

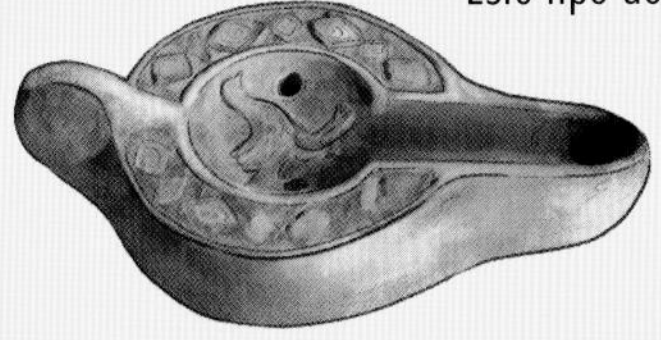

Este tipo de lámparas se llenaba de aceite, se colocaba una mecha en el pico y se encendía.

Pelea de borrachos

Era de esperar que los invitados al symposium no se emborrachasen. No obstante, es seguro que esto ocurría, como lo demuestra la pintura de este vaso.

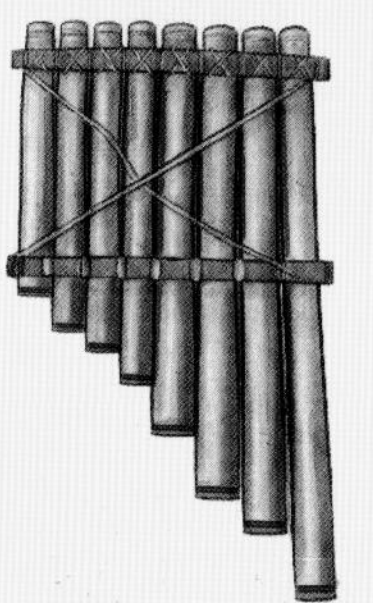

Flautas de Pan

El nombre de estas flautas proviene de Pan, un dios de pastores y rebaños que, según la leyenda, fue su inventor.

TEATROS Y ACTORES

Los griegos **fueron el primer pueblo que tuvo teatros**. Las obras (tragedias y comedias) se representaban durante los **grandes festivales religiosos,** en los que distintos autores rivalizaban por obtener un premio. **Los teatros se construían en las laderas** de las colinas, y el público podía oír todo lo que se decía en el escenario. **Los actores siempre llevaban máscaras y disfraces** que indicaban cuál era el personaje que pretendían representar. El **coro** se situaba frente al escenario o **proscenio,** en una zona llamada **orquesta.**

El auditorio
El público podía acudir de todos los puntos de Grecia. Se sentaban en las gradas de piedra del auditorio, que si era grande, podía acoger hasta 14.000 espectadores.

El coro
Todas las obras tenían un coro de hasta 15 actores que se colocaban en la orquesta. Cantaban canciones o recitaban comentarios sobre la historia.

Mascarada

No todas las obras eran serias. Con frecuencia los actores se disfrazaban de animales y representaban una comedia. Los «animales» bailaban al son de la música.

Los actores

Por lo general no había más de tres actores en escena. Actuaban sobre un escenario situado detrás de la orquesta. Eran siempre hombres.

DATOS DE INTERÉS

Entradas

Estas son entradas de teatro. Las letras indican dónde había que sentarse. En los grandes festivales, el teatro debía llenarse del todo.

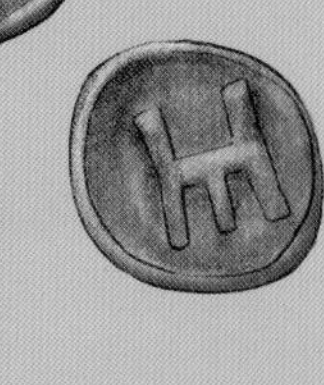

Máscara

Todos los actores llevaban máscaras para que el público pudiera saber inmediatamente si se trataba de un rey o de un mensajero. Esta debió ser utilizada en una tragedia. Los actores tenían que hablar alto, para que todos los espectadores pudieran oírlos.

Figurillas cómicas

A los griegos les gustaba que en las obras aparecieran figuras cómicas. Solían ser esclavos o sirvientes y llevaban máscaras divertidas y ropas con relleno.

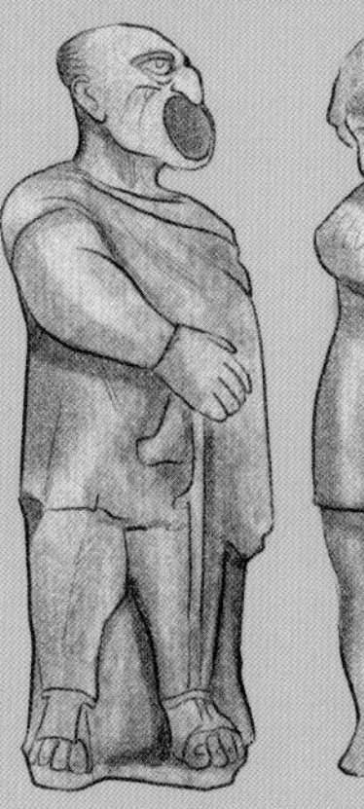

Ensayo de actores

Este actor está a punto de ponerse una máscara de Dionisos, el dios del vino. El otro personaje es un miembro del coro que lleva puesta una máscara de mujer.

LA **ARTESANÍA**

Los griegos **eran hábiles artesanos.** Su **cerámica y escultura** son de las mejores que se han hecho jamás. Los griegos **copiaron muchas de sus técnicas de Oriente,** pero siempre desarrollaron **su propio estilo.** Los artesanos estaban orgullosos de sus obras y solían firmarlas con su nombre.

La mayor parte de **los artesanos griegos tenía su propio taller,** con uno o dos **esclavos** como **ayuda.** Las herramientas eran sencillas y todo había que hacerlo a mano. Cada clase de artesanía tenía su propio lugar en la ciudad. Por ejemplo, **en una misma zona de Atenas trabajaban 200 ceramistas y pintores.**

El **dios de los artesanos,** especialmente de los que usaban el **fuego,** era **Hefesto.** Su hermoso templo de Atenas dominaba los talleres de los herreros.

Escultor
Los escultores griegos eran brillantes creadores de figuras y relieves muy realistas. Para tallar una sola estatua hacían falta seis meses.

Ceramista
Los vasos atenienses eran los mejores del mundo. Solían estar decorados con imágenes de héroes y sus aventuras.

Herreros

El hierro era el metal más común. Se utilizaba para hacer armas y herramientas simples para el trabajo de campo. Se derretía en el horno y después se le daba forma con un martillo.

Armero

Los cascos se hacían martilleando una plancha de bronce. Por dentro se forraban con un casquete de cuero. Para hacer un buen casco se necesitaba ser muy hábil.

Zapatero

Los zapatos se hacían de cuero. El de los zapateros era uno de los gremios menos respetados.

DATOS DE INTERÉS

Korai

Las estatuas se hacían en recuerdo del difunto o para dedicarlas a los dioses. Las estatuas femeninas (korai) iban siempre vestidas.

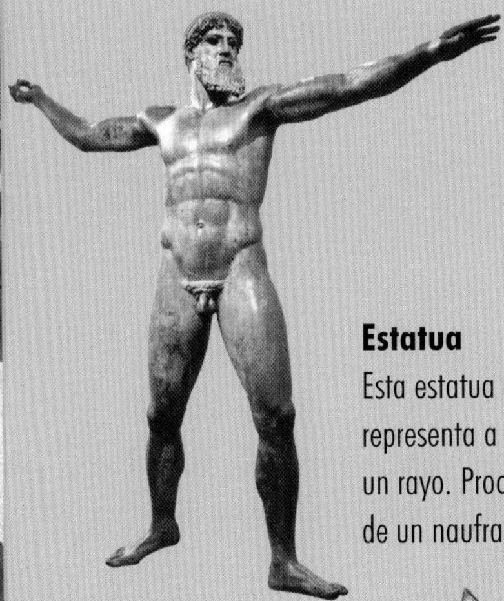

Estatua

Esta estatua de bronce representa a Zeus lanzando un rayo. Procede de los restos de un naufragio.

Collar

Los orfebres más apreciados eran los de la ciudad de Tarento, en el sur de Italia, de donde procede este collar.

Cabeza de mármol

Esta cabeza de mármol fue hallada en Atenas. Ha sido atribuida a Poseidón, el dios del mar.

Gema

Esta garza en vuelo está tallada en una calcedonia, la piedra preferida de los grabadores. El nombre del grabador Dexámenos aparece inscrito bajo el ave. Las gemas se llevaban como anillos o como cierre de collar.

CONOCIMIENTOS E INVENTOS

Los griegos **eran enormemente curiosos**. Les gustaba entender cómo funcionaban las cosas. Los **médicos** intentaban comprender las **enfermedades;** los **astrónomos** observaban las **estrellas;** los **sabios,** como Aristóteles y Arquímedes, estudiaban el **mundo que les rodeaba,** sus animales y plantas y los distintos pueblos. Escribieron sus ideas y así **pusieron los cimientos de las matemáticas y la ciencia moderna.**

Los **filósofos** (amantes de la sabiduría) como Platón y Sócrates se planteaban preguntas como: «¿Qué es un hombre bueno?» y «¿Cuál es el mejor sistema de gobierno?». **Discutían estos problemas en pequeños grupos.** Afortunadamente, muchas de estas **discusiones** fueron copiadas **por escrito** y **se conservan** en la actualidad.

Cómo funciona

El final del tornillo se metía en el agua. Al darle vueltas, el agua iba ascendiendo hasta llegar a un nivel superior y salía al exterior.

El tornillo de Arquímedes

El tornillo de Arquímedes hacía ascender el agua por el interior de un tubo. Arquímedes lo diseñó para bombear el agua de los barcos. Actualmente se sigue usando para pasar agua de los arroyos y regar los cultivos.

Sócrates
Sócrates fue uno de los filósofos más célebres. Fue obligado a suicidarse por haber dudado de la existencia de los dioses.

Aristóteles
Aristóteles, uno de los primeros grandes científicos, escribió obras sobre biología, astronomía, política y matemáticas.

Filósofo enseñando en la stoa
Los filósofos discutían con pequeños grupos de estudiantes buscando la verdad acerca de los problemas que les preocupaban. El lugar de reunión solía ser una fresca stoa como esta.

DATOS DE INTERÉS

Ballesta de asedio
Los siglos V y IV a.C. fueron épocas de guerras entre ciudades rivales que intentaban conquistarse unas a otras. La mayoría de los nuevos inventos tiene relación con la guerra. Esta ballesta fue inventada en Siracusa, una ciudad famosa por sus ataques a otras urbes.

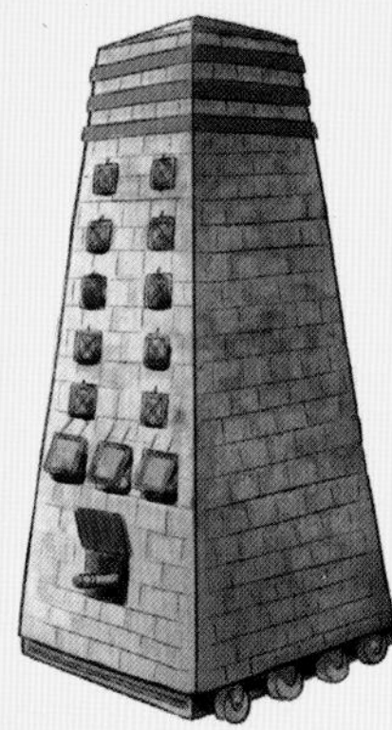

Máquina de asedio
Casi todas las ciudades griegas estaban protegidas por potentes murallas. La única forma de dominar estas ciudades era construir máquinas de asedio como esta. La ciudad era atacada por catapultas desde la parte superior de la máquina, o bien los soldados subían por su interior y saltaban sobre las murallas.

Eclipse
Se dice que la ciencia griega comenzó en el 585 a.C., cuando el filósofo Tales de Mileto predijo correctamente un eclipse del Sol por la Luna.

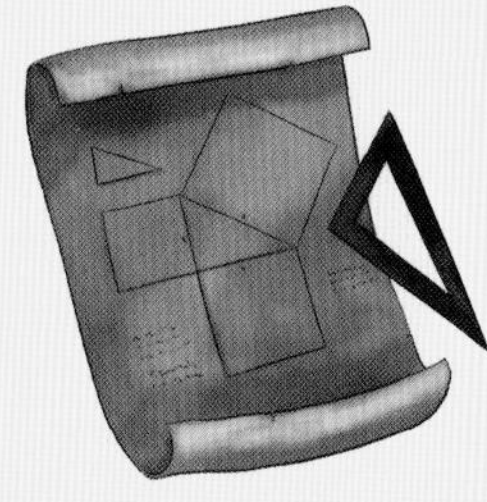

Matemáticas
Parece que fue Pitágoras quien descubrió el famoso teorema de los lados del triángulo rectángulo.

Primeras teorías astronómicas
Los griegos creían que la Tierra era el centro del Universo. Tenían una curiosidad infinita por las estrellas y formularon muchas teorías acerca de cómo estas se trasladaban por el cielo. Estas teorías permanecieron inmutables durante 1.500 años, hasta que fueron rechazadas por científicos posteriores.

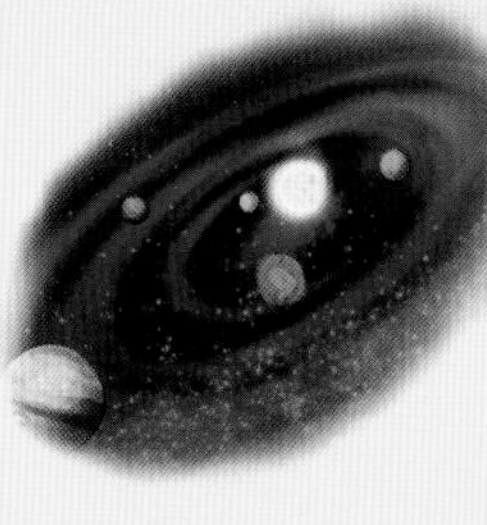

LA **ENFERMEDAD** Y LA **MUERTE**

La **vida** en Grecia era ciertamente **sana** para unos **pocos.** Hay muchos ejemplos de griegos que vivieron más de 80 años. Pero como no se conocía curación para las enfermedades infantiles más simples, **morían muchos niños.**

Mucha gente creía que las enfermedades estaban causadas por los dioses y que las plegarias y sacrificios eran importantes para prevenirlas.

Había también médicos que **consideraban las enfermedades como un fracaso del cuerpo** para funcionar correctamente. Examinaban cuidadosamente al paciente e intentaban averiguar cuál era la mejor cura. Sabían que el **ejercicio**, el **aire fresco** y el tomar **alimentos adecuados** era importante para la salud. Estos médicos, como Hipócrates, **fueron los fundadores de la medicina moderna.**

Asclepios

Asclepios era el dios de la salud. Tenía templos en todo el mundo griego. Los enfermos le suplicaban ayuda.

La procesión funeraria

El funeral tenía lugar al tercer día de la muerte. La procesión era seguida por plañideras.

Médico trabajando

Los mejores médicos griegos sabían curar heridas y huesos rotos. Empleaban drogas extraídas de las plantas.

DATOS DE INTERÉS

Útero
Este modelo de útero debió ser hecho en agradecimiento por un embarazo feliz.

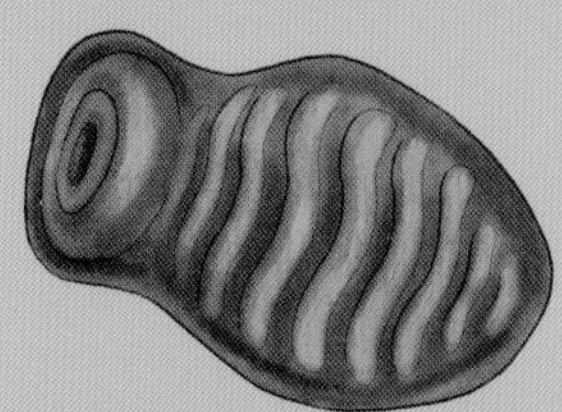

Instrumental médico
He aquí algunos ejemplos. Las operaciones debían de ser muy dolorosas, y si la herida se infectaba, solía provocar la muerte del paciente.

Copas medicinales
Estas copas procedentes de la prisión de Atenas debieron estar llenas de cicuta, veneno que se daba a los condenados a muerte.

Estela funeraria
Las cenizas del difunto eran enterradas en el cementerio. Las familias adineradas erigían después una estela funeraria. En esta, muy bella, aparece una niña con sus palomas. La familia visitaba la tumba una vez al año para hacer plegarias especiales. Era un deber importante cuidar de las tumbas.

Tumba
Las familias más ricas tenían sus propias tumbas, que estaban decoradas con retratos de sus miembros difuntos. Las más fastuosas estarían decoradas en el interior con suelos de mosaicos.

TÉRMINOS USUALES

Acrópolis Parte más alta de una ciudad griega, utilizada como defensa o para colocar los edificios más importantes.

Ágora Plaza del mercado de la ciudad.

Apolo Uno de los dioses griegos más populares. Era el dios de las curaciones y de la música, y se le consultaba acerca del futuro.

Aristóteles Uno de los primeros grandes científicos del mundo. Enseñó en Atenas en el siglo IV a.C.

arqueología Ciencia que estudia el pasado a través del descubrimiento y examen de los restos conservados.

Arquímedes Sabio griego recordado por su invención del tornillo de Arquímedes.

Asamblea «Parlamento» de Atenas o de cualquier ciudad griega, donde los ciudadanos se reunían para discutir sus asuntos.

Asclepios Dios de la salud.

Atenea Diosa de la guerra y también protectora especial de la ciudad de Atenas.

capitel Bloque de piedra tallado que remataba una columna. El estilo en que estaba tallado variaba de un lugar de Grecia a otro.

ciudadano Miembro de una ciudad. En Atenas la ciudadanía estaba restringida a los nacidos en la ciudad de padres también ciudadanos. Solo los varones podían participar en los asuntos de la ciudad.

ciudadela Cima fortificada de una colina desde la que se dominaba las tierras circundantes.

coro Grupo de actores que cantaban canciones o recitaban en el transcurso de una obra.

crátera Gran vaso en el que el vino se mezclaba con agua antes de beberlo.

Delfos Morada del famoso oráculo de Apolo.

democracia Sistema de gobierno en el que el pueblo tomaba sus propias decisiones acerca de los asuntos de la ciudad y el campo. Los atenienses fueron los primeros en usar la democracia.

Egeo Mar entre las actuales Grecia y Turquía. Todas sus costas estaban habitadas por griegos.

etruscos Pueblo de Italia con el que comerciaban los griegos. Vendían hierro a cambio de la mejor cerámica griega.

falange Los hoplitas luchaban agrupados en filas, una detrás de otra. El grupo entero se denominaba falange.

fenicios Pueblo de navegantes del Mediterráneo oriental, gran rival de los griegos.

frontón Pieza triangular de piedra en la techumbre de un templo. Solía estar decorada con estatuas de los dioses.

Hera Diosa del matrimonio y de las mujeres casadas, y esposa de Zeus.

Hestia Diosa del hogar y la familia.

Homero El mayor de los poetas griegos. Las historias de la *Ilíada* y la *Odisea* han perdurado durante siglos. Las escribió en forma de poemas en torno al 700 a.C.

hoplita Soldado de infantería griego. Se armaba con lanza y espada y se protegía con un escudo.

Juegos Olímpicos Juegos celebrados cada cuatro años en Olimpia, en los que competían atletas de todas partes del mundo griego.

jurado Los jurados asistían a las causas criminales y decidían si el acusado era culpable o inocente. En Atenas solo los ciudadanos podían ser jurados.

kuros (plural: kuroi) Gran estatua masculina que solía colocarse sobre una tumba. La estatua femenina se llamaba kore (plural: korai).

lineal b Escritura usada por los micénicos. La lengua del lineal b es una forma primitiva del griego.

lira Instrumento musical más popular de Grecia. La lira acompañaba el recitado de poemas y las canciones.

mármol Piedra dura, generalmente blanca, utilizada en la construcción de los edificios griegos más importantes.

micénicos Primeros pobladores de Grecia. Era un pueblo guerrero cuyo nombre deriva de una de sus ciudades, Micenas.

Naucratis Importante puerto comercial griego en Egipto. Los griegos intercambiaban plata por cereales de Egipto.

Olimpo Montaña situada al norte de Grecia donde los griegos creían que vivían sus dioses.

oráculo Mensaje de un dios o diosa mediante el cual da consejos o hace una profecía. Los griegos acudían al templo a preguntar, y un sacerdote o sacerdotisa transmitía la respuesta del dios o diosa. El oráculo más famoso era el del dios Apolo en Delfos, y la respuesta del dios la recibía una mujer llamada Pitia o Pitonisa.

orquesta Espacio circular en el teatro, entre el escenario y el público, donde se situaba el coro.

palestra Zona dedicada a la práctica de deportes como la lucha.

Partenón El mayor templo de Atenas, construido sobre la Acrópolis en honor de Atenea.

Platón El más importante de los filósofos griegos. Enseñó en Atenas en el siglo IV a.C.

sacrificio Ceremonia en la que se mataban animales para ofrecerlos a los dioses. Los griegos creían que así podían ganar el favor de los dioses.

Sócrates Famoso filósofo ateniense que fue obligado a suicidarse por dudar de la existencia de los dioses.

stoa Edificio alargado de dos pisos. El piso bajo estaba porticado, de modo que la gente podía hablar o hacer negocios a la sombra.

trirreme Barco de guerra griego.

Zeus Padre de los dioses; dios del cielo y las tormentas.

ÍNDICE